Alexis Pamtaba

Et si on Osait

Alexis Pamtaba

Et si on Osait

Au pays des saints

Éditions Muse

Imprint

Cover image: www.ingimage.com

Publisher:
Éditions Muse
is a trademark of
Dodo Books Indian Ocean Ltd. and OmniScriptum S.R.L publishing group

120 High Road, East Finchley, London, N2 9ED, United Kingdom
Str. Armeneasca 28/1, office 1, Chisinau MD-2012, Republic of Moldova, Europe
Printed at: see last page
ISBN: 978-620-4-96230-6

ET SI ON OSAIT !

Au pays des saints

ET SI ON OSAIT !

Au pays des saints

POÉSIE

PAMTABA Alexis

Du même auteur

Perles du Sahel, Les Editions du net, 2022.

Amours sans fard, Les Belles Lettres d'Afrique, 2022.

5

IL FAUT

Il faut des mots pour geindre
Il les faut pour les joies dépeindre
Il faut des vers pour contraindre
Le monde à ses flammes éteindre !

Il faut des hommes pour lire
Il faut des âmes pour fourbir
Et la parole pour vivre
Il faut le livre pour survivre !

GUERRE À SOI

Que disent-elles, toutes ces ondes ?
Que fuse-t-il de ces antennes rondes ?
Qu'invoque-t-on avec ces sondes ?
Ce mot que déteste GIONO, ce Français
A soi-même l'on devrait livrer sans frais
La guerre pour un monde de paix !

7

À LA FIÈRE HUMANITÉ

Tant que le mal perdurera
Tant que la vie d'incertitudes se teindra
Tant que l'amour de trahisons se parera
Les rêves marqueront le pas
Les doux souvenirs iront au trépas
Et le présent tremblera au frimas
Plaise au Ciel que s'éloigne ce tracas !

8

LIBERTÉ

Les poètes l'ont chantée jusqu'à nous
Précieux don, elle s'arrache pourtant
Elle lutte pour survivre jusqu'au bout
Liberté, on te chante depuis des ans.

On te confond avec la démesure
Aujourd'hui, Liberté. Et on jure
De tes grâces, en sa vie, de bien user
Sauf qu'on se plait parfois à muser.

Des noms, tu en as plein les livres
Presse, expression, penser, vivre
Et pour peu, de ton vin, on s'enivre.

Vois-tu ? Les rues grouillent au Nord
Au Sud, n'en parlons pas, c'est fort
Tous crient : Liberté tu es tout d'or !

9

DEMAIN

Demain, il fera beau, j'en suis sûr
Tel aujourd'hui, il l'est, sous mes yeux
J'ai prié le Bon Dieu, qui me rassure
Qui m'a promis du pain bénit des Cieux.

Demain, je mange je bois je me soûle
De la pitance qu'aujourd'hui je foule
Aux pieds de ma conscience de rouille
A y penser, sans mentir, j'ai la trouille !

Demain, c'est l'ombre fidèle d'aujourd'hui
Fruit de nos actes, qui grossiront sans faille
A notre table, il servira ripaille ou paille !

C'est l'oiseau fou qui défait son nid à midi,
Demain. Le malheureux grelotte toute la nuit.
Ainsi est-on, par les clous de son bain, pris !

10

ILS FUIENT

Ils fuient ; ils portent des sacs noirs
Ils ne portent rien, ce sont des sachets
Ils marchent, perdus tels des déchets
Ils marchent, ils errent matins et soirs.

Ils fuient les semeurs patentés de mort
Ils cherchent un lieu, où confier leur sort
Ils ont l'âme absente, la vie dans l'ombre
Ils enjambent des corps sans nombre.

Ô Ciel, viens au secours de ces malheureux
Dont le sort échappe au courage des preux
Etends ton aile, et couvre tous ces délaissés.

Viens au chevet de ces tropiques troublées
Où la hargne commande bien de cœurs
Et dont des fils se repaissent de terreur.

11

TÊTES MORTELLES

Elles sont dressées, défiant le ciel
On les appelle ogives nucléaires
Ce sont des charges potentielles
De la ruine, patentées dépositaires !

Ces têtes pensent au mal
Elles traquent tel le caracal
Au lieu de porter le salut
Au mal, porter un uppercut !

Elles sont de mains inhumaines
Fruit de leurs visions hautaines !
Elles ne sèment que la vraie haine.

Certains en possèdent des centaines !
Beaucoup en périssent par déveine
A la chaine, disons mille neuvaines !

12

À PAKOULI

La nuit tombe ce jour sur *Neerem*,
Les oiseaux quittent le lac *Dem*
Vient du milieu de ce village-même
Une étoile qui brille tel du *sanem.*

Elle va, comme une gazelle
A travers les herbes du Sahel
Rien n'empêche Pakouli
De son sourire elle nourrit.

Elle meuble les rêves de Rawa
Qui la veut comme *yamtiiga*
Pour une vie d'amour *konsa* !

Rawa n'a pas dormi depuis hier
Pakouli n'en est pas du tout fière
Elle était retenue par un lierre !

Mots empruntés à la langue *mooré* :
Neerem : métaphoriquement, beauté, splendeur
Sanem : l'or
Yamtiiga : littéralement, l'arbre préféré (dont on mange les fruits)
Konsa : à jamais, éternellement

13

TROPIQUES

Terres des tropiques ! Que d'années perdues
A manger, miter, détruire la savane innocente
Que d'années passées à vous faire si nues !
Des cupides vous ont rendues vieillissantes.

Aujourd'hui, mines et carrières vous rasent
Le béton et le plastique vous écrasent
L'argent et la gloire vous serrent, en satyres
Et l'intelligence, les lois vous martyrisent.

Nous vous pleurons, beaux champs en deuil !
Le soleil pleure sur vous, terres tant chéries !
Vous voyant toutes nues, le ciel pleure et sévit.

Où sont vos beautés qu'on voyait dès le seuil ?
Revenez, poussez, terres, ces savanes évanouies !
Des preux veillent, debout, en des haies fourbies.

14

PAYS DE SAINTS

Il est, sous nos cieux, pays de saints
Où les mortels ont souvent mille desseins
Les pensées, en essaim, tiennent de félins
Qui déchirer, sans raison, comme un dessin !

Il est, sous nos cieux, pays de saints
Où répandent allègrement, chaque matin
Des lèvres friandes de paix, des mots vains
Et ce sont les saints, des pantins mondains.

Il est, sous nos cieux, pays de saints
Où juger est juste, s'amender, malsain
Vivre en paix n'est qu'un projet nain !

Il est, sous nos cieux, pays de saints
La paix pour nous, pour l'autre, le pétrin
Ô pays de ces saints, qui nient le divin !

BOUTEILLE

Trônant sur du fer, du bois, du latex et du cuir
Sans trop forcer, sans parler tu te laisses séduire
T'offrant à tous, clerc ou serf, pourvu qu'il paye
Et d'un coup de verre, peu après, fière tu l'égayes.

Je me suis toujours demandé, sans réponse
Quel pouvoir tu caches, pour que d'une once
Tu soumettes ces gens si frivoles, si sérieux,
Sans fouets ni sifflets, à tes désirs furieux ?

T'adorent-ils, comme tu brilles tout le temps
Imposant ta noble présence au monde ambiant ?
Bouteille, réponds. Ton silence de glace me fige.

D'un homme fier, très vite, tu en fais un lige,
T'adorant dans ton temple bruyant, à ta source
Que leur promets-tu, qui vident leurs bourses ?

16

IL EST TEMPS

Afrique, qui geins sous le poids des maux,
Afrique, qui pleures, qui fait la une des journaux,
Afrique, où se tissent, fins, tous les réseaux,
Afrique, Afrique, pourquoi voudrait-on ta peau ?

Tu me fais pitié, Afrique des riches savanes ;
Tu accuses les autres, et tes fils se pavanent ;
Tu les entends qui mendient là-bas, au Nord ;
Tu les vois ici qui jouent, qui jouent au fort.

Afrique ! Il est temps de dire haut assez !
Ces enfants-là se plaisent être des valets :
Chacun pour soi, Dieu pour tous, ô Afrique !

Se défaussant, l'enfer les autres, pour moi le fric.
L'Afrique tue l'Afrique. Et le mal, c'est l'autre
Afrique ! Repens-toi. Tu sais, la faute est nôtre !

17

COMPLAINTE D'UN ENFANT

Je suis né pour vivre, et parmi vous
Qui le faites si bien, car c'est doux ;
Vivre parmi les miens, et sourire
Je suis né pour subir, et c'est pire.

Ne me demandez, chères gens, où je dors ;
Je ne vous dirai guère ce que je mange
J'ai peur, sachez-le, que rien ne change
Quoi qu'il en soit, nous autres, avons tort.

Sous le pont, là-bas, vous me trouverez ;
Je sais que, faute de temps, vous n'y viendrez.
Venez-y, je vous prie, seulement une nuit !

On m'y décharge, bien jaunis, des fruits
Voisin Porc, chaque jour, me les dispute
Tout le temps, je vous dis, c'est la lutte !

18

VIVRE

Vivre, c’est combattre toute une vie
Dur combat qui croit, tant qu’on avance
Mais chaque instant donne encore envie
De dire et redire une belle romance.

Vivre, c’est oser inventer son destin
Choisir son but, qu’on vise toujours
Et qui, avec mille efforts, sera atteint
Vivre, c’est forger toujours des jours.

Et c’est prouver qu’on est vraiment digne
D’être homme, bonté parmi les hommes
Et non comme une tache qu’on gomme.

Vivre, c’est planter, entretenir une vigne
Soigner les cœurs, panser les blessures
Et, à la fin de ses jours, entrer dans l’Azur !

19

SUR LES ROUTES DE L'EXIL

Le balluchon sur l'épaule, ils sont partis
Sur les sables brûlants des déserts du Sahel
Les passeurs, l'œil sec, les dépouillent tels
Des faucons affamés, aux becs fourbis.

Au désespoir qui serre les cœurs,
Répondent les borborygmes des entrailles.
Leur joie, en fait, n'est que sombre grisaille
Ils vont pourtant pour le bonheur.

Ils fuient le chômage, la misère, la honte
Ils ne croient plus à ce qu'on leur raconte
Au pays, où la vérité s'est muée en conte.

Ils meurent sur leur chemin telles des bêtes
Sur le sable, dans la mer, qu'ils embêtent
Et, dans les colloques, pour eux, on fête !

20

VIE VITESSE

Une mouche juchée sur une moto
Passe comme les chevaux du loto
Fugace, elle surpasse l'éclair du ciel
Elle a une vitesse exponentielle.

Une ombre juchée sur une chaise
Soutire l'argent de ses frères et sœurs
Avide et vite ! elle veut être à l'aise
Elle est sans gêne, elle ignore le labeur !

Une mouche roulant à vive allure
A fauché un enfant, pilier du futur
Le filou n'a cure de la mesure !

Un homme sans scrupule se presse
Et foule les autres qui se blessent
Ces filous, il faut les tenir en laisse !

21

UN MONDE

Chaque jour qui passe façonne
Un monde qui plus d'un étonne
Un homme boit là cher entre amis
Chez lui, enfants et femme crient.

Là on jette du pain sans dépit
Sont dans la rue des corps en agonie
Des immeubles défient les airs, vides
En bas, grouillent des visages, livides.

Des riches s'emplissent les poches
Qui vident les pauvres, leurs proches
C'est un monde triste, et c'est le nôtre.

Un monde où avec plaisir on démontre
La noirceur du blanc qu'on vilipende
Et, de l'autre, l'on attend qu'il s'amende !

22

MOI POLITICIEN DU LAND

Je dis ce qu'on aime entendre
Je me fais par-là défendre
Je suis applaudi, et même élu
J'oublie ceux qui se sont battus.

Je promets monts et merveilles
Je me plie en quatre et j'émerveille
Je suis blanc, mes adversaires, noirs
Je reçois les gens tous les soirs.

Je suis sourd quand on se plaint
Je ne vois rien, je suis aveugle
Je me fous de ceux qui beuglent.

Je quémande encore des voix
Je me suis trompé la dernière fois
Je ne mens plus, je suis saint.

23

A VOUS PAYSANS

Torses qui vous cambrez sous les flèches du jour
Soyez fiers de vos champs, cultivez sans relâche
La terre que vous retournez vous bénit chaque jour
Elle bénit, et vous, et vos manches à la tâche.

Vaillants dispensateurs de pitance qui peinez
Ne redoutez point le temps qui passe, affadissant
Vos terres, c'est de l'or épuré, durci et brillant
Qu'aucune envie ne doit, sans prétexte, enlever.

Aujourd'hui, frères, l'argent est roi
Toutes les cités sont d'ailleurs en émoi
Gardez vos terres, elles sont uniques.

Elles sont votre joie, elles sont votre tunique
Aimez vos récoltes plus que les billets
Qui vous rendraient fiers, et vous souiller.

24

ET SI ON OSAIT

Et si on osait ici-bas, entre nous
Faire fi des passions de loups
Vivre comme des agneaux fous
Cheminer, gais, bras posés au cou ?

Et si on osait dans ce monde
Taire les haines, et faire la ronde
Des autres, voir le bien qui prime
Se réjouir du peu, c'est sublime !

Et si on baissait d'un iota la gloriole
Peu s'en trouveront, qui se désolent
Accaparer et s'en vanter sont frivoles !

Si on écoutait les plaintes d'un frère
Le regard suppliant des pauvres hères
On chanterait ici-bas : adieu, misère !

25

COULEUR TROPICALE

La forêt sous succion crie de peine ici
Le sol là frémit de douleur dans ses entrailles
Une chenille abat et découpe sans merci
Une autre fouille et fond du jaune : on travaille.

C'est le bruit de l'émergence qui s'entend
Partout sous les chaudes tropiques affamées
Riches tropiques, on vous dit pauvres tant
Que de votre misère, on sait se marrer.

A l'Ouest, grogne de misère emplit les rues
A l'Est, la faim, la guerre dessèchent les os
Au Centre, corruption et stupre tombent dru.

Couleur tropicale, couleur qui survit encore
Aux caprices que servent ces massas nouveaux
Tandis que dans l'ombre la plèbe s'endort.

26

ESPOIR

Les tourbillons secouent les murs
Et viennent fouetter les visages inquiets
Les bruits qui fusent de partout sont durs
Et troublent les cœurs encore quiets.

N'inquiète pas ton âme, car Celui qui
L'a faite a connaissance de ces tempêtes
Et d'un coup de main, au loin, elles fuient
Sans que tu ne bouges, et c'est la fête.

Les flots de la vie rugissent fort à tort
Tu seras, quoiqu'il arrive, à bon port
Qu'ils t'amènent au Sud, ou au Nord.

Les victoires qu'on sait savoureuses
S'acquièrent sur les voies laborieuses
Et au milieu de l'adversité orageuse !

27

CŒUR MIROIR

Tu lui dis, tous les jours, que tu l'aimes
Pour sûr, dans ton tréfonds, tu t'en fous
Tu lui souris, et dans son cœur tu sèmes
L'espoir, l'amour, la joie qui rendent fou.

Et pourtant dans ton muscle règne le marbre
Qui, souvent à dessein, blesse tel un sabre
Assez ! Telle la glace qui ne ment point
Aussi cœur retors, au balai les recoins !

Le manguier produit des mangues juteuses
Le dattier se tresse de dattes savoureuses
L'amoureux fait des promesses courageuses.

Respecte, avec mille efforts, ta promesse
N'attends pas qu'on demande une messe
Du fond de ton cœur, Arlequin, confesse !

28

A MAMAN

Qu'elle luise, ta lumière pour toujours, mère
Tel le soleil au firmament, éclairant la terre
Le temps que j'ai vécu à tes côtés, maman
M'a oint d'amour et de vie flamboyants.

Aujourd'hui, mère, soit bénie cent et cent fois
Demain encore : j'ignore le bien que je te dois
Puits d'amour, tu coulas dans ma tête agitée
M'ouvrant tôt les portes du monde enfermé.

Cœur ferme qui éteins tant d'amertumes
Taris tes soupirs, que secrètent les coutumes
Tu es glace de vertu, où se mirent tes enfants.

Mamans, que célèbrent les oiseaux chantant
Battez-vous encore, qu'advienne l'adversité
Car, point votre sang n'oubliera votre bonté.

29

VALLÉE NOURRICIÈRE

Sous un feuillage tendre coule, indolemment
Une eau claire, qui caresse un tapis vert
Les goyaves douces attendent, tel un amant
Qui s'offrent à un cœur à la vie ouvert.

Vallée éternelle, splendeurs de mes matins
Que dure ton éden, alors que le temps passe ;
Tu nourris des vies, fertile vallée qui surpasse
L'or pur, qui s'assombrit devant tes câlins !

Les oiseaux à ton ombre festoient sans répit
Mimant ta majesté et, ivres de joie crient
Répandent si chaudement mille louanges.

En ton sein, on trouve tout ce qu'on mange
Des fruits, ne te lasse d'enfanter, ton trésor
Et souffre que ces ors, qu'on les dévore !

30

ÉDUQUER OU SUBIR

Le mal qui court les rues chaudes de nos cités
Quel mal, me direz-vous, la soif de paraitre
La boulimie des biens, dont on se croit maitre
Ce mal, la dorée vanité, voisine de l'indignité.

Du mépris des valeurs, il tire toute sa sève
L'enfant du voisin est désormais un piège
Le mien, je le crains ; il me toise, il m'assiège
Et soudain, l'on se plaint de la sacrée relève.

Et puis, on n'est plus, soi-même, un modèle
Aux serments, à l'amitié, à l'amour infidèle
Voilà les enfants, vierges d'esprit, rebelles.

L'école ! Eduquer ou périr, disait Ki-Zerbo
Pour des jaseurs, le professeur prêchait faux
Aujourd'hui la science, demain, les châteaux !

INCOMPRÉHENSION

On choisit ses couleurs, on nait d'homme
On préfère ses goûts, on vient d'un pays
On est le frère de Joseph, on chérit sa pomme
On trie ses chemises, sans qu'on crie hey !

Parfois, à voir le mortel s'agiter sans cesse
Comme s'il avait un mérite sous les cieux
Comme s'il était l'égal même de Dieu
L'on comprend, alors, la paix qui régresse.

On ne doit inverser le sens des êtres
On ne doit de duplicité se repaitre
On ne doit tenir rien que du Maitre.

Du Très-Haut, qui n'a point nié la création
Doit tenir la créature, avec componction
La paix est, pour tous, humaine obligation.

32

PARDON

N'oubliant pas le mal subi, pardon
Tu n'en es pas un, mon cher ;
Te résignant à accepter l'amer
Donc à contrecœur. Le cœur dit non.

Certains sourires sont de mâts éclairs
Pour des tonnerres à la moindre étincelle
Pour peu, jamais on n'oublie l'affaire
Pour une broutille l'on invoque la querelle.

Pardonner, sans libérer l'autre, s'apparente
A quoiqu'on dise, une vengeance reportée
Et le bénéfice de l'acte, un serment avorté.

Libérer l'autre, et soi-même, quelle détente !
Déposer le faix. Et revivre, dégonflé de fiel
Le vrai pardon, pas le faux, réjouit le Ciel.

33

MON AMI LE FRANC

Il me parle, mon ami, d'un ton franc
Il me tient un discours tout blanc
Il se donne d'un visage alléchant
Il me rassure qu'il me rendra opulent.

Mon ami Le Franc me rend souvent malade
Il bruisse dans ma main, et me rend esclave
Mon ami Le Franc, m'entends-tu, je suis fade
Tu es présent, tu es absent, je vide les caves !

J'ai beau faire pour m'en défaire, hélas !
Il me dit non, *nein, ayo* ! Et patatras
Toujours, il m'enlace, éternel tracas !

Mon ami Le Franc, me demande des comptes
Trop il me lasse, j'en ai plein, les décomptes
Il me rendrait riche, comme dans les contes !

Nein (allemand), *ayo* (mooré) : non

34

CONFÉRENCE DE PRESSE

Le journal avait commencé
On attendait des consolations
A cause de cent frustrations
Le journal s'était achevé.

Des infos avaient été données
Sans trop d'importance même
« Conférence de presse du FEM
Front des Electeurs Monnayés. »

Après ce groupe-ci présenté
Un autre est venu déblatérer
Verser sa haine, et se lever.

« Collectif des Démocrates Unis
Mouvement des Pilleurs Réunis
Tous œuvrons pour un cafouillis… »

35

TIQUES DE NOS TICS !

Le buste voûté tel un dipôle
Les yeux embués de l'alcool
Du web. On navigue au sol
Et on rêve seul et se console.

Les tics friands de la toile
De nos yeux sont le voile
On est déjà dans la poêle
Et attention à nos poils !

Les tiques dites modernes
Notre monde gouvernent
Rendent les heures ternes.

Les yeux en vain larmoient
On se dirait dans un tournoi
En toute douceur, l'on s'y noie !

EFFET DE SERRE

Les océans deviennent amers
Ils rugissent même de colère
La banquise fond sans arrêt
Mais on reste toujours benêts.

Et le progrès fait son chemin
Au prétexte de préparer demain
Les machines maousses fument
Les Groupes la terre écument.

Ils organisent colloques et sommets
Pour prêcher moins de déchets
Mais chacun rumine son projet.

Chers lobbys, charlatans du bonheur
La terre vous regarde, tout en pleurs
Votre fierté, le lit de nos malheurs.

37

DÉPART

Si vous pouviez voir quelque part, un jour
Le départ d'un soldat combattre au front ;
Parfois, il quitte les siens pour toujours
Vous lui devriez fière chandelle et prompt !

Si vous sentiez son courage malgré l'inconnu
Sa moitié lui tenir le bras, les yeux couverts
Et ses enfants mignons, les visages amers ;
Il s'en va dans les larmes, la peine contenue.

La ville dort en paix, les siens dans l'insomnie
Le guerrier pense à eux, l'amour s'amplifie
Ils prient pour lui, et Dieu, du Ciel, les fortifie.

Le délicat des moments, c'est ce dur départ
Ce courage, parmi d'autres, semble rare
Soldat, ce martyr vivant, vaut cent fanfares !

L'INNOCENT

A peine venu au monde grognon
Qu'il se voit livré aux cochons
Comme un vil déchet rebutant
Lui, c'est un enfant innocent.

Neuf mois couvé dans le secret
Avec nausées, faim et céphalées
N'ont pas fléchi la jeune néné
Mère malgré elle, enfant rejeté !

Il pleure au milieu des ordures
Il s'agite dans l'herbe dure
Le mal de ces enfants perdure.

Le Ciel envoie un passant
Il est recueilli, l'ange enfant
Au Ciel on entonne un chant !

39

SAHEL !

Sa renommée frise le Kilimandjaro
Qui a fait beaucoup de héros
Son nom évoque le dénuement
On s'y rend, on voit qu'on ment.

Il est aussi nanti que les Mages
Qui ont rendu visite au Sage
Il est peuplé d'enfants enjoués
Qui dans le sable ont été roulés.

Le Sahel des savanes d'antan
Perd haleine, tel en vol un pélican
Pris de vertiges. Il arrive vrillant.

Convoitise dorée, tu es tout envahi
La bataille fait rage, même la nuit
Le jour viendra, où tu seras blanchi.

40

LE JOUR VIENDRA

Il pleure à torrents, il rira à gogo.
Elle geint de peine, arrive le *noogo*
Le sort installe toujours des leurres
Tantôt les heurs, et puis la douleur.

On est témoin de l'instant qu'on vit
Le reste des choses tient du sursis
Les projets foisonnent en nous
Et le temps se moque de tout.
Le jour viendra, sans qu'on l'appelle
Où la vie du mortel sera des plus belles
Et s'éloigneront les pensées rebelles.
Le jour viendra, sans tarder, ici-bas
Il adviendra sans doute dans l'au-delà
Où l'immortel, de paix s'épanchera.

Noogo : la paix, le bonheur en langue mooré

41

LETTRE À MON PÈRE

Cher Papa, je viens à toi
De tout cœur, je t'écris
Plus ne sommes unis
Beaucoup ont perdu la foi.

Papa, l'argent t'a remplacé
Le fric se fait désormais respecter
On a vite oublié tes conseils
On les a même mis en bouteille.

Tes fils adulent la vanité
Ils ont vendu leur liberté
Ils se livrent à la volupté.

Père, vois-tu, je suis l'un d'eux
L'un d'eux, parmi les plus teigneux
Père, Père, on te sait miséricordieux !

SOUVENIRS

Quand la lumière annonçait le jour
Une main vous réveillait toujours
Ou une voix tendre et ferme disait :
Debout, il est l'heure ; le soleil parait.

Et d'un bond, de sa nuit, l'on sortait
Le visage net, le gratin raclé, on fouillait
La case. Le sac dans un coin dormait
On le happait. Un jour d'école se levait.

Les pas étaient alertes et hésitants
La cloche, le fouet étaient rebutants
Ces arguments étaient insuffisants.

On arrivait, haletants. La cloche sonne
Vous n'attendez pas qu'on vous raisonne
En rang ! Et les voix peureuses résonnent.

43

JADIS

Le feu appelait les âmes à former
Ce n'étaient pas des éphémères à piéger
Un sage disait des sentences éthérées
Et ces têtes jeunes buvaient sans filtrer.

Les contes rythmaient les nuits éclairées
Aucun ne dédaignait ces moments relevés
Le sommeil venait qui troublait l'écoute
Ils le savaient : édifier son âme coûte.

Les yeux s'ouvraient, et la bouche répondait
Aux questions du conteur qui s'assurait
Que les clairières, un jour, seraient bosquets.

Ainsi éduquaient ces nobles devanciers
Et leurs œuvres faisaient de dignes héritiers
Un conte, bien dit, pour nous est un sentier !

44

JUSTE UN MOT

Il existe des êtres sur terre
Qui pensent être toujours malheureux
Et qui croient les autres plus heureux ;
Ils ne savent encore que faire.

Il existe des gens qui pensent
Que le monde toujours est misère ;
Tout autour d'eux est chimère
Leur vie sur terre n'a point de sens.

Il existe des gens qui encore ne savent
Que leur naissance du hasard ne tient
Ils pleurnichent, et d'amertume se gavent.

Donne gloire, Homme, au Seigneur
Dans l'infortune, dans le noir fais tien
Qu'en la droiture gît, entier, le bonheur.

Table des matières

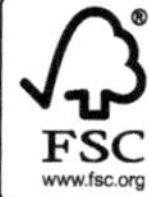

MIX
Papier aus verantwortungsvollen Quellen
Paper from responsible sources
FSC® C105338

Printed by Books on Demand GmbH, Norderstedt / Germany